오늘의문학시인선 375

상처의 향기

문희봉 시집

오늘의문학사

국립중앙도서관 출판시도서목록(CIP)

상처의 향기 : 문희봉 시집 / 지은이: 문희봉. -- 대전 : 오늘의문학사, 2016
p. ; cm. -- (오늘의문학시인선 ; 375)

ISBN 978-89-5669-757-4 03810 : ₩9000

한국 현대시[韓國現代詩]

811.7-KDC6
895.715-DDC23 CIP2016013639

상처의 향기

‖ 自序 ‖

고희가 되었다.
그런데 내 시는 아직도 약관이다.
언제쯤이나 치자 닮은 향을 풍길 수 있을까.
오늘도
내일도
꿈속을 헤맨다.

상처의 향기

차례

2부 축복이 내린다

3부 나의 하느님

4부 그 여름

5부 이 기쁨

6부 꽃잔디

제1부

감자 한 상자

어머니를 만나다

굽은 허리
기우뚱 걸음걸이
손수레를 밀고 가는 노파
산악대장의 헐떡거림 같다
손수레를 밀어주자
고개를 옆으로 돌리며
보내는 미소
손수레를 밀어준다는 것이 그만
노파 가슴속 웃음보를 건드린 모양이다
한번 튀어나온 웃음
스며들 줄 모르고
얼굴에 환한 그림 그려졌다
나란히 손수레를 미는 사내
노파의 웃음 속에 파묻힌다
가파른 곳
언제 와 계신지
어머니의 안면이 곱다

감자 한 상자

감자 한 상자 들여놓았습니다
시간이 흐를수록
진액이 상자 속에서
내를 이룹니다
봄바람, 여름 땡볕 아래 살 태우며
키워온 정성들인데 세월 앞엔 속수무책입니다

정신 희미해진
노모 요양원에 모셨습니다
날이 갈수록 기력이 약해지면서
감자 썩듯 몸이 오그라듭니다
얼굴에 푸른 반점 돋아나니
그걸 잡고 헤헤 웃습니다
쪼드라드는 오줌
가랑이 사이로 질질 흘립니다

여름 땡볕 아래 허리 휘도록 그러모은 자식들
뒷짐 지고 먼 산 바라볼 때
다이어트 된 감자 한 상자
울다가 울다가 웃었습니다

노인의 일생

외딴집을 돌아 민들레 피어 있는 길에
쇠똥 몇 점 떨어져 있다
굳은 몸 푸는 연초록 기운
밟고 지나간 봄에서 향기가 난다

앓고 있는 조랑말 등 같은 등성이를 돌아
외딴집까지가 노인의 길이다
오랜 세월 걸었어도 항상 초행 같은
노인의 밭에 열매가 열린다

앞세우며 함께 걷던 것들 모두 떨어져 가고
풍성했던 가을도 야위어 가는데
지나쳤던 것들 이름 불러주니
그 이름에서도 꽃이 핀다
멀어져 가는 길에서 고독을 느낄 때
돌아봐 주는 눈빛은 애련의 기차가 된다

여물을 먹고 있는 소의 잔등에
담배 물고 졸고 있는 노인의 등이 겹친다
닮은 것들은 속을 들여다보지 않아도
서로를 이해하는 터널이 있다

독방 노인

망루가 없는 독방
마른 우물 같은 동공에 이슬이 맺힌다
바람기 하나 없는 메마른 일상
사지는 꽁꽁 묶여 허우적거리고
향기 없는 몸뚱이, 서녘 하늘에 별이 진다

지나온 완행열차
간이역마다 뿌려진 향료
외로움에 빠진 노인의 향수
흐릿한 하늘에 안개가 내리고
시야는 점점 흐려져 간다

만월이었던 지난 날
습기가 달아난 벽면에 서걱이는 긴 노년
마디마디 찾는 이 없어
흔들릴 때마다 요란한 소음

빈 항아리 속에서
악취가 새어나온다

지팡이 문상

화장해 야산에 뿌려 달라 했다

흰 머리칼 몇 개
피부에 매달려 있을 때
머리 한 번 감겨 드리지 못한 걸 후회했다
자고 나면
움푹움푹 뽑혀 나가는 민둥산
바람 병상에 누운 모습이 애처로워
쓰러지고 싶어도 쓰러질 수 없는 민둥산

한참만에 가는 발길
반갑다고 내미는 더딘 헛손질에
뺨이라도 대주고 싶었다

돌아와 바로 부음을 들었다
다시 찾은 식장
지팡이만 남겨두고
바람 속으로 사라진 뒤였다

노란 웃음

겨울의 한복판, 친구 모친 문상 가는 길
석벽 아래에는 미친 개나리가 살아
계절도 잊은 채 꽃망울을 터뜨리고 있다
막걸리잔 기울이며 깔깔 웃던 친구
어눌한 말솜씨는 예나 지금이나 다름없이
노란 얼굴로 나를 맞이한다
고등학교 졸업하고 잠깐 대처로 나갔다가
어머니 모신다고 돌아왔던 친구
땡볕에 밀짚모자 눌러 쓰고
경운기 몰다가도 나를 보면 달려와
개나리처럼 웃어주었다
섬기는 일이라면 무슨 일이든 못할 거냐며
꽃잎 달고 향기 피웠다
각박한 세상이라도 어머니만 계신다면
불만 없다던 친구
이제 팔십을 갓 넘긴 홀어머니
영안실 입구에서 울먹이면서도 노란 웃음 지었다
그렇구나, 메마르고 거친 세상이지만
잎보다 먼저 핀 꽃들이 삶을 사랑할 틈이란
기도에 걸린 목젖을 채 적시지도 못할 짧은 시간뿐

석벽 아래에서 개나리가 계절도 잊은 채
얼굴을 내미는 건
베풂의 실천이 아니겠는가
겨울이라고 꽃 한 송이 못 피운다면
그건 사랑이 아니지
서둘러 왔던 터럭 많은 세상과의 별리
오열 속에 꺼낸 노란 웃음

기울기 시작하는 내 집

제비들이 처마 밑에 집을 짓고 있다
젖은 흙과 지푸라기를 물어 올린다
먼 여행에도 지침이 없다
새끼들의 외침을 가슴으로 안으며
어미의 고공 비행 리듬이 실리고
여러 형제를 키워낼 저 지극한 투자

아이들이 다 자라 떠나버린
내 집이 기울고 있다
청각이 따나고, 시각이 떠나고
지극한 투자도 함께 떠났다

내년을 위해 육신을 키우고 있다는
제비의 전갈
고독과 사투를 벌이는 내 겨울의 방
날개의 무능을 탓하는데
가끔씩 새순 돋아나는 뜨락
퇴색한 그림은 여전하고
텅 빈 물감들만 비스듬히 매달린 시렁에 누워
박자도 안 맞는 사물놀이를 즐기고 있다

운명 직전

그의 감겨진 두 눈은 무언가 말하고 있는 듯한데
그의 닫혀진 입은 무언가 말하고 있는 듯한데
나는 도대체 알아들을 귀가 없다
살아온 세월이 고스란히 녹아 있는 두 눈과 입
말하고 싶은 욕망이 그렁저렁 눈물로 매달려 있다
몸 밖으로 쏟아낸 후에야 완전히 감을 수 있는데
기다리는 일이 습관처럼 굳어져 있기 때문인가
시간이 지나도 답답함만 계속된다
대대로 이어져 온 말을
가두어 두고 그저 뱉을 듯 말 듯
순하고 동그란 감옥이여
두 손을 잡고 기적이 일어나기만을
기다리고 있는 가족들의 심장만 까맣게 탄다

한 가지 길이 아니라네

초청을 받아 떠나는 일은 기쁜 일
청명한 날을 잡아 목적지로 향했다
입구에서부터 버릴 줄도 알아야 한다고
가르쳐주는 바랑산
올라가는 길 일 년 임무 마친 생명들이 반겨주었다
길은 하나가 아닌 것
오르다 보니 좀 어려운 길을 안내 받았다
로프라는 친구의 도움을 받아
생전 처음 암벽을 타게 되는 영광까지
주위의 친구들은 이제 한창 버리기 연습 중이고
버티고 버티는 단풍나무는 제철도 잊어버리고
빨간 선홍빛으로 나를 반겼다
새들 노랫소리, 버석거리는 생명 다한 낙엽 소리 들으며
새로운 길 개척하며 오르는 길
호흡은 가쁘고
살아가는 것은 늘 그런 것 아니겠냐고
오를 수 있는 기쁨을 누리는 것만도 가슴 벅찬 일이라고
가까운 길 놓아두고 돌아가는 것이 인생이라고
쉬운 것을 어려워하고 가까운 데 있는 것을 멀리서 찾고
늦게 깨닫고 후회하고 아쉬워하는 것이 인생이라고

멀리 돌아야 많이 보고
많이 보아야 많이 알 수 있다고
알려주는 바랑산
그러나 아쉬움을 뒤로 하고 회군할 수밖에 없던 길
노스님들 수행 중인 법계사로 내려오니
산책 중인 노승들이 화안한 얼굴로
감 몇 개 건네주며 위로해 준다

어느 노파

매일 왕래하는 도로 한 구석
오늘도 노파는 무료한 시간과 사투를 벌인다
소총 아니 들고
군화 신지 않았지만
얼굴은 천사표다
검버섯 낯으로 새색시처럼
가녀린 웃음을 낮게 깔았다
언제부터 이곳의 마님이 되었는지
하염없이 허공을 응시하다
길 가는 사람에게 눈길을 주며
목례와 함께 '복 많이 받으세요'다

몇 날이 지나 다시 그 길을 간다
여전히 지나는 사람들에게 말을 건넨다
눈동자에 고독의 호수가 자리하고 있다

호수에 물이 말랐다

어떤 생명의 최후

새벽마다 헬스장 가는 길
장마철인 요즘
매일 만나게 되는 토룡
누굴 찾아가는 길인가
시멘트 바닥을 기고 있다
덥썩 들어 잔디밭으로 던져 넣는 수고
이튿날, 다시 그 자리
오늘은 길을 잃고 헤매다
딴 세상으로 가버렸구나
이름 없이 죽은 전사의 넋이여
어떤 절절한 사연 있었길래
저런 최후의 모습
더 이상 말하지 않으련다
변화무쌍한 이 계절
자식 잃고 통곡하고 있을
대문 없는 그 집에
황량한 바람이 분다

족발집에서

네 배설물은 한 동안 내 몸에서 떠나지 않았다
너무나 지저분해 네 집 청소 봉사하고 나면
사람들은 날 멀리 했다
하늘 한 번 올려다보지 못하고 산 삶
저쪽에 딴 세상이 있다는 걸 모르고 살았다

주인 따라 목욕탕에 갔다 오면
네 몸은 깨끗해지고
친절하게도 네 몸은 사람들의 구미에 맞춰
사등분 되고 오등분 된다

죽어서도 불판 위에서 느끼는 고통
사람들은 죽어라고 웃어대며
너를 씹고 씹어댄다. 죽은 이의 고통은 생각지도 않으면서
알코올 섞어 네 몸은 중성이 된다
생전 네 목소리는 어디로 소풍 갔는지
사람들 목소리만이 홀을 채운다

죽음을 예감하지 못한 우둔한 너
눈물 한 방울 흘리지 못한 가련한 육신

삼겹에 목살로 분리되고 남은 너는
달작지근한 간장에 푹 담겨 숨도 제대로 쉬지 못하고
식탁에 올라 사람들에게 웃음을 준다
고통도 모르는 바보라 이름 지어준다
작명가인 나는 너에게

섬진강 노트

그대 돌아온 뒤로
나의 봄은 터질 듯 터질 듯
가슴을 설레게 합니다

평소 과묵하던 내가 그대만 곁에 있으면
하얀 이 드러내고 마니
연녹색 악보에 그려내는 리듬
섬진강 강가 언덕 넘어
내 가슴도 푸르게 떨려 오고 있습니다

매향 가득한 강가 다람쥐도 소풍 나와
하늘의 마음을 가슴으로 읽고 있습니다
그리워하고, 사모하고, 사랑하고
그대에게 물들어버린 기운 잃었던 육신
오늘에서야 팔팔한 모습으로 다시 일어납니다

그대 돌아온 뒤로
내 봄은 마냥 푸르러
온몸으로 연주하며
사랑의 방아를 찧습니다

제2부

축복이 내린다

회색 그림

지하도는 오늘도 사람에 취해
어지러움을 호소한다
오고 가는 사람들 틈에
연상인 남자와 같이 가는 여인이 있다
걸음걸이가 흔들린다
흐느끼는 얼굴에 알싸한 아픔이 흐른다
쉼터에 앉은 두 사람
갑자기 여인이 꺼이꺼이 흐느낀다
있는 힘 다해
방파제를 후려친 뒤
무너져 내리는 파도처럼
여인이 무너진다
말 없이
쏟아져 내린 여인을 바라보는 남자
곳간문을 잠그듯 조심스레
불라우스 단추를 채우고 있다
투박한 손이 가늘게 떨린다

넉넉한 마음

부드러운 당신의 품
넉넉한 웃음
오늘도 풍만하구나

어지러운 세상
정리하고자
백설을 보내주신 높은 분 덕분에

덕지덕지 묻은 욕심의 터럭
모두 버린 낙엽수들 옆
의지의 소나무 푸르름이 빛난다.

아랫동네 초가집 굴뚝
흰 연기 불러 모아
곁불이라도 쬐려는가
가슴이 따끈하다

때로는
금빛 구름이고
때론 은빛 안개고

고운 세상 어우르는
신비의 재능

세상을 평정하는
어르신의 넉넉한 마음

눈부신 질주

미동 없는 저수지
가장자리 물풀들만 옹기종기
넓적한 돌 하나 비껴 던져
물수제비를 뜬다

비밀을 들킨 듯
깜짝 놀라며
산산이 부서져 퍼지는
눈부신 질주

나른한 오후
잠에서 깬 듯
살아서 움직이는
허구 같은 진실

하아!
한 순간 파문을 일으키며
우주의 심장을 향해 날아가는
힘찬 바닷빛 러브레터

신바람

'야호'를 외치는 장년 남자의 탄탄한 종아리와
꽃불 철쭉에 앉으려다 화상 입은 듯 싸리밭 너머로 멀어져 가는 나비
아카시 꽃 내란처럼 피워 올리는 숲속에서
가느다란 실바람 초대하여 벌이는 나뭇잎들의 축제가 흥겹다

놀이터 한쪽 엄마와 놀이에 빠져 있는 여린 심장
이웃집 창을 통해 전해지는 자잘한 피아노의 음률이 가슴을 패대기치고
보도블록 틈새 비집고 올라오는 파란 웃음과
그네 줄에 매달려 노래하는 작은 인형

시계탑 위로 날아올라 비늘 털어내는 비둘기
벤치에 앉은 탱글탱글한 젊음들의 수다가 나를 부르고
넉넉한 호흡으로 된장국 냄새 싣고 달려오는 기적 소리 옆에
굵은 붓 잡고 유화 그려내는 노老 구름들이 멋있다

공기가 흔들린다
자연이 흔들린다
흔들리고 움직이는 것들 사이로
짙은 분 냄새 전해주는 휘파람 소리

환한 세상

가난한 땅에 축복이 내린다
초등학교 낮은 담장 너머로 들려오는 풍금소리
발목까지 젖고도 좋아라 날뛰는 강아지 꼬리가 길다
비스듬히 뚫린 구멍으로
켜켜이 쌓아놓는 유채색 희열
검은 바위 경사면에
뒤꿈치 올린 흰 염소의 목이 깨끗하다
은근한 바람까지 동참하여 세상을 춤추게 한다
흑백사진 속의 한 여인이
머리에 흰 눈 쓰고
고향집 토방에 오르고 있다
내가 오르는 절벽
세상을 재창조한
자작나무와 은사시나무의 어깨동무
화장끼 짙은 여자가 말문을 열고
소복한 아이들 불속에 뛰어든다
환해지는 세상
탑이 생기고
건물이 생기고
높다란 계단을 오른다

겨울 가지 끝에 순백으로 피어나는 여인의 얼굴이 보인다
햇빛이 정상을 그러안으니
달려오던 기차 안에서 시냇물 소리가 난다

공기의 자서전自敍傳

구름의 아들로 태어나
시냇가 돌 틈 고단한 몸 추스르면서도
나뭇단 젊어진 노인 얼굴에 미소 그려주고
병상의 환자에게 인내를 가르친다

하늘과 연 맺고
지상과도 계속되는 교신
여린 꽃잎에 사랑을 주고
작은 짐승들에 희망을 준다

저이는 공평한 사람
올곧은 사람
새 생명에 율동 있는 시그널 불어넣고
아무리 걸어도
아무리 달려도
지치지 않는 체력

하루의 휴식이 노을을 만들 때
더불어 채색하는 수고

건넨 노고에 인사 없어도
화 낼 줄 모르는 시골 이장 같은 사람
한겨울 비닐하우스에서 상추 골라 따고 있는
새색시 손가락 사이에선
그만 온기가 돌고

주름 지우는 일요일 오후

일요일 오후 식장산에는 나무보다 사람이 더 많다

야생화가 만발한 좁은 길 사람이 지나간다
소나무 숲에 연인 둘이 들어가고 있다
편백나무 숲에도 오색 의상들이 왁자지껄 소란스럽다
그 위에 솜털구름 내려와 푸른 호흡 대열에 낀다

산행은 주름치마의 주름을 펴는 것
그 푸른 무성한 잎으로 주름을 지우는 것
마른 향기로 주름을 다림질하는 것
돌도 바람도 햇살도 주름을 펴내는 것

주름과 멀리하고자 하는 사람들
급경사를 오르며 층층계단을 오르며 주름을 지운다
주름이 지워지니 세월이 뒷걸음마 한다
꽃 진 자리 화사하게 열매 맺으며 흠뻑 웃는다

주름 없는 하늘에 새가 지나간다
좁은 길을 걸어갔던 사람도
소나무 숲에 들어갔던 연인도

오색 의상들도 하나같이 금방 찍어낸 지폐
그 지폐로 가득 채운 중년 남자가
일요일 오후를 툭툭 건드리며 지나간다

춘경春景

동장군이 활보하던 석경石逕
칙칙한 무채색이 세상을 지배하고
마음도 몸도 얼어붙던 시간

들썩이는 마른 어깨 붙잡더니
어느새 곱게 차려입은 새색시
혼수 고르러 가는 길인가
젖니 같은 새순 보여주고 바로
노랑, 분홍, 백자白紫까지

쑥부쟁이 흐드러진 산길도
민초들의 눈물 같은 민들레의 미소도
개울 속 작은 생명
리듬체조 배웠는가
세상을 어지럽게 돌리고 있다

그 속에 조그만 초가집 한 채
쿵쿵쿵 다듬잇소리 가슴으로 전율되고
사랑이 전해진 거리가
젊음으로 떠들썩하다

아끼는 꽃일수록 꺾지 마라 이르던 말씀
머슴애들 행동이 민첩해지고
초록으로 도배된 신방의 향내
침울한 공기 깔렸던 방에 눈부신 듯 스며들고

그 향 품에 안은 얼굴, 얼굴들
당장 세상이 무너진다 해도
웃음은 고스란히 남아
여명 속에 녹아든다

다라이에 담긴 호수

오래도록 기다리던 끝에
봄비가 내리던 날이었다
얼마 전에 텃밭 한가운데 갖다 놓은
다라이 몇 개에
하늘이 따라주는 빗방울들이 모여들고 있었다
흙먼지 가득한 몸에 채워지는 창조주의 선물
이상한 일이었다
수화만 할 수 있는 줄 알았는데
빗방울을 받은 다라이가 말을 하고 있었다
가운데서 혀가 돋아나고
귀가 생겼다
소리들이 생겼다
누군가 물방아를 돌리자
다라이 한가운데에서 꽃이 피기 시작했다
개구리들이 모였다
밭고랑에선 야채가 자라고
호수 속에선 세상이 자라고
오랜만에 보게 되는
아름다운 얼굴들에서
계절을 읽어내는 은총을 보았다

폐가 기행

스레트 지붕 위 잡초들 천국이다
안마당에 복사꽃 붉게 피었는데
무쇠 솥은 입을 다물고
양은솥은 지껄이기는 하는데 알아들을 수가 없다

양은솥 속 볶다만 땅콩 몇 알
그리움에 젖어 까맣게 탔다
찬장 옆 검정고시 준비하다 만 가계부
친구에게 쓰다 만 편지 한 소절

헛간에서 만난 쇠스랑 발가락이 붓고
낫도 얼굴에 생채기가 많이 났다
바닥에 널브러진 쟁기에게 말을 거니
주인 어디 있는지 찾아달라며 눈시울 붉힌다

텃밭 기술자

대전광역시 중구 문화동 산 1번지의 새벽은
텃밭 기술자 황 노인의 기침소리에 깨어난다
은행나무 잎들이 새순 피워 신록을 자랑하는 시각
이곳은 수백 년 된 느티나무가 떠받쳐 준다
그래 다 안다는 듯
그 우람하고 넉넉한 마음씨를 가진
느티나무가 기운을 전수해 준 덕일까
새들 지저귀고 옹기종기 모여든 채소들의 생활 터전
세상을 깨우는 기적 같은 작은 움직임들
그 자비와 사랑의 감로수를 마신 어린 생명들
여섯 시 전에 마중 나온 햇살들을 만나고
얼굴에 새겨진 천사표 미소
세상을 보는 눈이 그들의 앞길까지 환히 비춰준다
어린 것들에 젖 물릴 때가 제일 행복해
북 주고 거름 주고 다독여주면
그보다 더 큰 행복은 일찍이 없었다고
줄수록 구미를 돋우는 저 신비의 세상
신록에서 녹음으로 그들이 가진 비밀들이
내 몸속에 들어가면 움직임은 더 활발해지고
낙심하지마! 내 움직임은 더 맛있게 만들어내기 위한
하늘의 조그만 뜻인 게여

버려진 차

처음엔 융숭한 대접을 받았을 터다
낡고 찌그러지고 기력 약해진 지금
지나가던 개가 싸놓은 한 무더기의 똥처럼
낯선 지역 골목길에서 춥고 더운 계절을 몇 번이나 견뎠는가
당당했던 시절
지금은 산란율이 떨어지고
아니 출산을 할 수 없다고
너의 주인은 누구니
명찰이나 떼 주었으면
너의 과거가 고스란히 호적부에 살아있는데
심장은 멎은 지 오래이나
네 다리는 아직도 건재한 것 같다
만신창이가 된 네 몸
목욕탕에 데려가고 싶지만 너를 업을 기력이 나에게는 없다
언제부터 여기 있었느냐
부모 잃은 자식이었다면 속깨나 탔겠다
집 나간 강아지
임자 잘 만나면 호사할 수도 있는데
네 신세가 가련하다
어쨌거나 저쨌거나
목욕이나 한 번 하자꾸나

비 오는 날은

갠 날이 그립다
나폴나폴 비상하던 이야기
축축하다면
꺼내 말릴 일이다

집착은 병이다
갠 날에 대한 향수
대지가 젖는다
육신이 젖고
마음이 젖고
젖은 대지에 입맞춤하면
그리움은 도톰해진다

마음을 열고
가슴을 열고
사소한 것에도 관심 보이라는
작은 말씀
비릿하면서도 상큼하다는
촉촉한 사랑
비 오는 날 만들 일이다.

제3부

나의 하느님

사랑

냄비에 배, 대추, 파뿌리, 양파와 생강을 넣고
잠길 만큼 물을 붓는다. 오래도록
끓여 잔기침으로 고생하는 아내에게 건넨다
목이 시원하단다. 뻥 뚫린 것 같단다

누군가에게 얘기를 듣고
베풀어 본 조그마한 친절
몇 모금 마시더니
목이 멘다

큰 돈 들이지 않고
베푼 사랑
감동하니 해소기침이 도망칠 거다
아내를 괴롭히는 지긋지긋한 잔기침이 사라질 거다

나의 하느님

우리집에 하느님이 계시다면
누가 믿겠나
믿거나 말거나
우리집엔 정말 하느님이 계시다

그분의 말씀
그분의 행동
하느님이 틀림없다
만취되어 돌아오면
얼굴 닦고 바지 벗겨 재운다
흙탕물로 돌아오면
그 큰 육신 덥석 안아다 샤워 시킨다

아프면 간호사 되고
실의에 빠지면 상담사 되고
화난 표정엔 웃음 전도사 된다

칠십 평생 베푼 세월
땅으로 살고
하늘로 살아온 나의 하느님

어느 날

아내의 1박2일 여행
어둠이 내린 집 안
차갑고 칙칙하다

외로움 타는 식탁
아내의 정성이 녹아있는 찌개
입안에서 원을 그리는 밥알

아내 한 사람, 지금 없는데
참선하는 수도승인 양 바라뵈는 풍경들
전화벨이 울린다
"저녁은요?"
"친구들과 잘 놀면 됐지, 전화는 뭐 하러 해요."
속 마음과는 다른 엉뚱한 말이 튀어나온다

사랑도 기술이다
연습이 필요하다
아내가 없는 하룻밤
나는 이렇게 철이 들었다

센트럴파크 301동 1802호

흩어져 사는 아들 딸이 아이들을 데리고 왔습니다
적막강산이던 내 집에 활기가 넘칩니다
아이들이 뛰노니 진열돼 있는 인형들도 함께 뛰닙니다
살아 움직입니다
식장산, 보문산이 바라보이는 창가에 식탁을 차립니다
제대로 숙성된 배추김치 볼 미어지게 밀어 넣는
밥 숟가락 속에 행복이 들어와 자리합니다
둥글게 모여 앉아 도란도란 피우는 이야기꽃
목젖을 넘는 맥주 한 모금이 어쩌면 이리도 부드러운가요
이골 저골 스쳐 견뎌온 난관 밀쳐 버리고
밥숟갈 속에 녹아 흐르는 행복이 나를 어부바해 줍니다
고개를 드니 찬란한 자연풍광이 동공 속에 잠깁니다
품어 간직한 사랑이란 단어
비춰주는 햇살 속에 녹아드는 꿈틀거림
섞어 버무리는 시간
평온한 마음들이 가슴 안에 담깁니다
살아있다는 것이 행복합니다
언제나 기쁘고, 평화롭게 잠들고
상쾌한 기분으로 일어나게 하는
보금자리가 있어 행복합니다

식솔들이 있어 행복합니다
블루스를 추고 있는 내 보금자리도 함께 즐거워 합니다

* 센트럴파크 : 지금 거주하고 있는 아파트

보리밥

보릿고개란 말의 뜻도 모르며 자랐지
파랗던 보리가 누런색으로 변해갈 즈음
유린당한 청춘들은 없었지만
문둥병 환자들이 간을 빼먹는다 해서 그곳엔 얼씬도 못했다

개들은 그것도 모르는지
보리밭을 놀이터 삼아 놀았다
그러다가도 주인 장에 갔다 돌아올 쯤이면
동네 어귀에 나와 마중을 했다

술 안주로 쓰던 건명태
건건한 무엇에 찍어 던져주면 맛있게 받아먹던 누렁이
앞서가며 길 안내해주니
자전거에 실려 비린내 풍기는 꽁치를
맛이라도 볼 수 있었다

작은 볼일 있으면 전봇대를 찾고
육자배기 장단에 맞춰 배설의 기쁨도 누려가면서

오늘 산을 내려와서 먹는 보리밥에
언덕에 피어있던 달착지근한 찔레꽃이 묻어 있었다

작은 미장원

어린이날 선물로
화장품놀이 세트를 사줬습니다
제 어미 화장 모습을 유심히 지켜봤나 봅니다
입술 칠하는 연습도
눈썹 그리는 연습도
손톱에 색칠하는 것까지도
그리고는 거울을 유심히 봅니다
손녀집에 생긴 작은 미장원
단골손님은 한 사람뿐입니다

신석리 시편 · 1

– 古家

창공을 닮았던 지붕
저녁노을 넉넉하게 흡수하고
아침 햇살 받아마시던 넉넉한 가슴
툇마루에 적막 앉히고
주름 새기던 세월
소국의 향기 묻어나온다

나라님이 기거하던 사랑舍廊
콜록콜록 기침소리 배어나오고
부지런했던 저녁 시간
왁자지껄 소쿠리가 걸어 나온다

물정 모르던 별빛
성호를 그으며 떨어지던 사랑
동네 아이들 웃음소리 새어나오고
갈 길 먼 나그네
피곤 풀며 웃음 짓던 곳

이미 무너진 것들
땅과 악수 준비하고

제 몸 부려놓으며 짓는 한숨
그 속에 내 유년이
파랗게 웃고 있다.

* 신석리 : 충남 당진시 합덕읍 신석리 고향 마을

지게를 보며

물 지개를 지고 일어설 때
작대기가
중심을 잡아주었다

세상을 짊어지고
외다리 건너 육십령을 넘었다

짐을 부려 놓고는
뒤도 돌아보지 않고 빈 지게는 떠났다

작대기도 대동 않고
어디로 가는지
석양을 향해 늙대재를 넘었다

경운기에 밀려난 지게

그래도 한때는
나뭇단 위에 진달래 피워
나비도 따르고 제비도 따랐는데

지금은 창고 한 구석에서
가쁜 숨 몰아쉬며 문이 열리기를 기다리고 있다

그래 세상살이는 새옹지마다

미안합니다

오랜만에 찾은 고향
집집마다 원추리꽃이 지천이었고
사람들은 푸르디 푸른 하늘 아래
호박 잎새만한 생을 펼쳐 들고
리듬을 안고 살아가고 있었다

쥐불놀이하던 고향 언덕
황토색 언덕들
고향집에는 어머니가 양파 속 같은 그늘에서
빨래를 개고
토방 위에 가지런히 놓인 신발들은
강아지들과 오수를 즐기고
뒤란에서는 닭들이 생산라인을 가동하고 있었다

가끔씩 찾는 고향
개펄 같은 허허로움이 무딘 시각을 맛사지한다
반갑다고 온몸 흔들어주는 나무의 손을 잡고
젊어서는 바빠서 못 오고
지금은 너무 멀어 자주 못 온다니까

살구나무는 웃으며 말한다. 자기는
아무리 바빠도
아무리 멀어도
봄만 되면 찾는다고

자식

낳아 삼년 매어 살면서 키워주었네
너댓 살 되니 제법 말도 할 줄 알고
아침마다 '사랑합니다'를 줄줄이 왼다
받은 용돈 모아 두었다가
어버이날 카네이션 사들고
들어오는 어엿한 중학생
속 썩이는 자식도 더러 있다는 말
들으며 살고 있는데 우리집은
거실에 원앙이 살고 뻐꾸기가 산다
점심 때 만난 친구
자식이 원수라 하는데
결혼시켜 놓으니 사돈이 되었다 하는데
나는 대꾸할 말이 없었다

어느 세입자

시골 구석에 있는 친구 집이다
얼마나 험하게 사용했는지
문짝이 떨어져 나가고 마당엔 잡초가 무성하다
균열이 뿌리 내린 벽엔
깊은 한숨이 기생하고
밀린 집세는 고사하고 한바탕 욕이라도 퍼부을 생각으로
"계시오, 계시오." 부르는데
"누군교, 어찌 왔는교."
제 집처럼 태연히 안방 차지하고 대꾸하는 왕개구리
장독대 옆 말라버린 우물가
메뚜기 두어 마리 그만 가달라고 등을 밀어내고
"세상에 이럴 수가 있소."
허탈해하고 있는 내 앞으로
"아무리 말해도 소용 없소. 그냥 돌아 가시오."
공으로 살고 있는 여치란 놈이
안마당 댓돌 위에서 눈을 흘긴다
친구 당장 달려와 노발대발해도
주인이라 우길 만한 게 아무것도 없다

아침

새 한 마리 젖은 몸을 말리는지
햇살 눈부신
공장 담 위에 앉아 있다

버릇처럼 전원을 켜려고
손을 올리려는데
새가 나를 본다

고요한 아침에
불청객이 된 나를 경계하는지
힐끗거리며 온몸을 곤두세워
여차하면 날아갈 자세다

전원을 올리면
콤퓨레샤 왕왕 도는 소리에
공장은 깨어나겠지만
새는 놀란 가슴
쉽게 가다듬지 못할 것이다

새의 눈을 본다

오늘이 불안한 새는
내일이 두려운 나를
가여운 듯 내려다본다

연분홍 과거

오일장 한낮
원통 속에서
곡예를 하고 있는 토마토 주스
유리드럼 속이 홍겹다
그 뒤에 서 있는
설거지 하다 흘린 젓가락 같은
저 맛간 중늙은이 앞
둘러서서 입맛 다시는
여학생들 종아리가 연분홍이다
유리잔 가득 퍼 담아 천원 지폐 한 장
노년은 입맛을 다시면서
살아온 세월을 회상한다
그 허한 뱃속에
쉬 부어넣지 못하는
차디찬 연분홍 과거

제4부

그 여름

호박을 따며

설익은 당신이
내 몸에 상처를 냅니다
떨어져 나간 자리에서
진물이 흐릅니다
길고 긴 여름날 더위와 가뭄과 싸워
얻어낸 결실을 무지막지 걷어냅니다
찢긴 내 몸 구석구석에서
통곡의 애환이 흐릅니다
분신을 잃은 아픔을, 눈물을
그대는 모릅니다
떨떠름한 온기가 상처를 휩쌉니다
의식이 몽롱합니다
줄기마다 눈물이 되어
당신 입술에 향기로 남기를 바랄 뿐입니다

과거 지우기

주인집에서 수도를 틀면, 아니 자정이 넘어야
물이 나오는 판암동 날맹이집에서
우리 네 식구와 조카, 그리고 처남까지
여섯 식구가 미닫이로 구획되어진 가건물 스레트집
다섯 식구가 출근, 등교하고 나면
아내는 주인집 주방에서 설거지를 했다
아버지가 부쳐주는 쌀 가마니
주인집 리어카 빌려 서둘러 달려가 찾아오고
칼러 TV를 본다고 주인집 안방에 무릎 꿇고 앉아 있던
아이들이 미워서 거금 들여 한 대 들여놨더니
빠듯한 살림 두서너 달 빨간 불
벼르고 별러 오셨던 부모님 자식 사는 모습 보시고
지전 몇 푼 이불 속에 찔러놓고
감춰둔 신발 찾지 못해 맨발로 떠나셨다는
얘기를 듣고 나는 밤새 울었다
가까스로 장만한 내 집
문패를 파다 걸었더니 며칠 후 누군가 떼갔다
아이들 잘 커주고
나도 작은 공동체 CEO까지
복지관이나 요양원에 매달 적은 돈 기부도 하고

지나온 과거 생각하면 눈물도 아름다워
가끔은 배부른 호사도 누린다
오늘은 삼계탕집에서 복들이를 하는 날
국물 하나 없이 구유 밑바닥까지 핥는 돼지처럼
싹싹 핥아먹고는
과거를 모두 지워버렸다

대화

굵은 나무 기둥에 주사바늘이 꽂혀 있다
말 한 마디 못하고 의사의 시술에 모두 맡겨버린 육신
주사바늘 주위를 기어다니는 작은 벌레들
얼마나 깊이 들어갔는지 수액 흐르는 소리가 크다
누군가가 깊숙이 찔러놓은 주사기를 오래도록 바라본다
말을 할 수 있는 인간과 말을 할 수 없는 너
나도 너와 애기를 나눈 적이 있다
내 욕심을 채우기 위해 날개 찢어지는 아픔 같은 건
생각해 보지도 않으면서
깊이 더 깊이 쑤셔 넣으려 안간힘을 쓴 적이 있다
그리곤 환희를 불렀다
큰 통에 수액이 어느 정도 차고 있을 무렵
네 머리를 올려다 보았다
찡그린 얼굴, 두 눈에서는 피눈물이 흘렀고
나와 눈이 마주치자 살기가 돋았다
가느다란 바람이 찾아오고
열흘 굶은 시어머니상을 하고 있던 하늘에서
반짝반짝 햇빛을 보내주었다
국경을 넘는 불통의 사람들도 아닌데
서 있는 나무와 불통의 시간

누군가 네 의사를 내게 전해주고
나는 그 말을 듣지 못한 듯 얼버무리고 말았다
네가 나에게 무언가를 말하고 싶어할 때
내 두 발이 파닥이다가 날아갈 것 같아서
미안한 마음이지만
주사기를 한 번 더 쑤셔넣고는
고개를 숙이고 말았다
그럴수록 더 힘이 부쳐
더 이상 쏟아낼 것이 없다는 듯
애걸하는 모습을 보며
내 날개에 상처를 내고
뒤도 돌아보지 않고 줄행랑을 치고 말았다
'나'만 주장하고 '너'는 이해하지 않는 내가 밉다
나에겐 좋은 삶이 너에겐 죽음이었다

해인사 가는 길

소리길을 따라
해인사에 계신 스님을 뵈오러 갑니다
계곡물소리, 새소리, 바람소리
게다가 가느다란 빗소리까지
내가 가는 길에 화음을 맞춰 줍니다
엊그제 내린 비가 우렁찬 소리 내며 흐르는데
이게 소리길의 품격이며 하늘의 시로 들립니다
소리길은 양탄자를 깔고 나무향을 동원하여
후각과 촉각을 어루만져 줍니다
첩석대를 지날 때 오랜만에 만난 노각나무도
프론치트향을 데리고 나와 인사합니다
오르고 또 오르는 길
계곡물소리는 더럽혀진 청각을
말끔히 씻어주는데
길섶에 떨어진 상수리 줍느라
다람쥐는 인기척도 몰라합니다
이곳에 사는 뱀들도 모두 순딩이라 합니다
감나무는 꽃이 진 자리에 시골 아낙처럼 부끄러이 감을 빚어올리고

오늘같이 부슬부슬 비가 오는 날은 자연도 밀회하기 좋은 날인가
바짝 붙어 떨어질 줄 모릅니다
얼마 전에는 톡톡 터지는 환희의 비밀을 간직한
꽃망울을 터뜨리는 감격도 누렸겠지요
해인사에 가까이 당도하니
스님은 목탁소리를 내려 보내 나를 맞습니다
잠시 후 풍경소리까지 등을 떠밀어 보냈는지
어느새 내려와 허리를 굽힙니다
맑고 정숙한 분위기
마당에 당도하니 대웅전 안에도 빨간 물이 들었습니다
스님 가슴에도 빨간 물이 들었습니다
영원히 내 것일 수 없듯이 어느 것 하나 영원한 게 없다고
풍성하게 누린다고 고마움까지 모르면 안 된다고
낙엽 지는 이 가을 절 마당에
보란 듯이 단풍잎들 붉은 웃음 보여줍니다

장태산에 가서

그해 가을 장태산에 깊이 들어갔다가
나뭇잎을 덮고 누운 어린 고라니 주검을 보았다

육탈된 뼈는 희고 가늘었는데
그의 마른 가죽이 단단히 붙잡고 있었는데
그 검던 눈동자가 있던 자리에
어린 잡목들의 세력 다툼이 벌어지고 있었다

나무 뿌리들이 조금씩
그의 몸속으로 들어올 때
얼마나 간지럽고 고통스러웠을까

나도 아무런 대책 없이
생의 깊은 곳까지 들어갔다가
누군가에게 나를 내어줄 때가 된다면
간지럼도 고통도 참으며
나무들에게 내주고 싶다
미물들에게 내 몸을 맡기고 싶다

불두화

가끔씩 부처님을 뵈러 가는 날은
몸이 가볍다
가는 길 비 흠뻑 맞고
꽃들이 피고 있었다
내 몸도 근질근질 무엇이 튀어나오려는지
불쑥불쑥 무언가 내밀기 시작했다
꽃이었다. 몸에서 피는 것인가
마음에서 피는 것인가
내 몸 이곳저곳에서 채송화가 피고
맨드라미도 피었다
배꼽 아래에서는 눈부신 불두화가 피어나고
연초록에서 눈부신 흰색, 그리고는 누런색
절 마당에서 대웅전으로 오르는 길 양 편
부처님 두상을 닮은 불두화가 내 몸에 핀다
부처님 앞에 공손히 절하고 내려오면서
다시 한 번 바라본다

행복하고 싶다

얼마만인가? 어머니의 젖가슴을 만져본 것이
꿈인가? 생시인가? 옷고름을 푼
어머니의 잘 익은 오디 닮은 젖가슴
젖가슴을 만지니 유년의 개울이 나타난다
젖가슴을 만지니 굴렁쇠 굴리는 소년이 나타난다
개울속의 피라미들 높이뛰기에 한창이고
굴렁쇠 굴리는 소년의 팔뚝에 힘이 생긴다
한참을 걸어가다 뒤돌아보니 개울 속에 떠 있는 우렁이 껍질
그 아래엔 청장년 우렁이들이 우글거리고
어머니와 찐 옥수수 먹던 평상에
고추잠자리들 유영을 즐기고
목침 베고 누우신 아버지는 연신 해소기침
자식들 위해 모든 것 다 써버린
두 분의 모습, 그 모습 보는 것만으로도 나는 행복하다
오늘 하루 모든 것 내려놓고
파전 부쳐 막걸리 한 순배 마시며
꽃향기도 초대하고 꽃바람도 초대하고
오랜만에 부모님 모시고 하는 나들이
맑은 하늘에 여유 즐기는 잠자리들처럼
나는 오늘도 행복하고 싶다.

누이의 가방

가끔씩 놀러오는 누이의 가방엔
오색실과 대나무 바늘
내가 낮잠 자는 사이
그들은 밖으로 나와
누이의 꽃밭머리에 조신하게 앉아
조끼를 짰다
사랑을 확인하는 빠른 손놀림
어지러운 방향 잡아
자세히 보면 산수유 꽃 사랑이 녹고
언덕배기에 나란히 앉아
날밤 까먹던 아련한 추억
그리움의 바람과 함께
풋내 나던 사랑 이야기 전파를 탄다
내 아픔 갈대꽃으로 키워주던
구성진 개구리 울음도 함께 담아내고
누이의 가방 속엔 내 어릴 적
이야기들이 달빛을 받아
반짝이고 있다

살아 있는 산

매일매일 환한 미소를 지니고 있는 주치의가 나를 꼬드긴다
오늘도 백범 김구 선생이 머물렀다는 백련암을 거쳐
마곡사 주차장으로 내려오는 길이다
아흔아홉 살 노파의 유두처럼 말라버린 나뭇잎도
생명을 넣어 달라 아우성친다
매화가지 끝에는 벌써 봄이 매달려 흥겨워하고
이웃 작은 생명들도 그 기운 받아
안면에 윤기가 돈다
밟히는 돌멩이들도 꿈틀거리고
썩은 나무등걸도 싹 틔울 준비로 바쁜 시간 보내고 있다
계곡의 돌 밑 가재들이 문안인사 하고
조그만 웅덩이 한쪽엔 개구리들이 새 생명들을
출산해 놓고 수영복 입힐 날을 기다리고 있다
올라갈 때 좋아라 환호성이었던 심장은
내려올 때 더 신이 나서 흥얼거리고
나도 따라 그들과 함께 지루박을 추는데
하늘을 날던 새들도 내려와 내 어깨를 토닥인다
바람 끝에 매달린 봄기운과
새들 노랫소리
아직 피워내지 못한 꽃들을 맞을 심산으로
내 주치의는 지나는 사람들에게 웃음을 전파하고 있었다

당신은 근사한 사람이다

나에게 희망을 준다. 행복을 준다
깊은 산속 헤매는 나더러
해를 닮았다 한다.

내가 울고 있으면 가을나무를 보내 위로한다
수수 백년 내 울음소리 위에 턱 괴고선
우는 사람 없다 하고
뜨는 해 나에게도 비춰주라 한다

노파네 가는 길목에 허리 아파하는 꽃
부목 대주며 곧추 세워주는 선심
황량한 바람 몰아내고
어둔 골목에 덕을 심는 마음

늦은 저녁의 설핏한 해 그림자 안고
처벅처벅 돌아오는 나에게
건넌방 군불 지펴 놓았으니
언 손 녹이라 한다

새하얀 홑청이불 덮고
편히 자라 한다

근본적인 이유

의정부까지 배웅했던 아들이 훈련 마치고
서울로 배치를 받았다고 전화를 했다
그래 장하다
인제 가면 언제 오나 원통해서 못 살겠다는 곳도
동방사도 백령도도 다 제쳐놓고
서울로 배치 받았다고 난 이웃을 모아놓고 삽겹살 파티를 했다
외박 아닌 외박도 자주 나오고
의정부에서 돌아올 때 제 에미는 그곳에 움막 짓고 살겠다고
울고 불고 했는데
어느날 면회를 가보니
아들 얼굴이 화색이 없었다
그 다음에 가도 역시 그렇고
서울은 공기가 나빠서 그런가
너무 고되서 그런가
돌아오는 길 곰곰 생각해 봐도
고개만 갸우뚱
제대하고 나서 스틱 챙겨
산에 오르자 했더니
'아버지',

'산은 쳐다보라고 있는 거예요.'

'아, 그랬었구나!'

그 여름

높은 산을 내려온 바람이
고라니처럼 녹두밭을 뒤지고 다니는 저녁이다

극성스런 모기떼 이악스럽게 달려드는 멍석 마당
하늘의 별들이 가끔씩 더 먼 곳으로 날아가는 모습을 바라보며
어머니는 쪄온 감자를 나눠주시고
'오뉴월 하루 볕이 어딘데'란 주문(呪文) 같은 말씀을 하시며
어디 보자
불쑥 사타구니에 손을 넣어
감자 같은 내 불알을 만져보시던

아버지, 아버지

제5부

이 기쁨

나무 같은 사람

언젠가 말했다
세 가지 병을 갖고 있는데
그 중에서도 가장 중한 병은 거절결핍증이라고

나서는 일이 없다
자신이 있다는 것을 내색하지 않는다
큰 나무가 작은 나무를 깔보지 않고
작은 나무가 큰 나무를 부러워 하지 않듯이
타고난 그대로 산다

어려워, 입을 열기 어려워
망설이다 꺼내는 부탁의 말
어깨가 움직인다. 웃음 짓는다
- 그건 내가 할 일인데

언젠가 들려준 이야기
어려운 일이 있으면 숲으로 가고
나무를 바라보는 것은 큰 위안이라고
나무를 닮은 사람
아니, 우리들 사는 동네의 한 그루 나무
깔봄도, 부러움도 없는 한 그루 나무

이 기쁨

어느 날 한적한 시골길을 걷다가 빨랫줄에 나풀거리는 기저귀를 보며

아, 새 생명에게 인사를 한다

나와 같이 동행할 친구가 생겼구나 하는 즐거움

어쩌다 공돈이 생겨 아이스크림을 사들고 집으로 향하는데

공원 공터에 비둘기 한 쌍이 다정스레 모이를 줍고 있는 모습이 보인다

부부 간의 연이란 별것이 아닌데 아무래도 세상에 오길 잘했다는 이 뿌듯함

친구 아버지 문상 가서 웃고 떠들다가

언젠가 저것들이 내 주검 앞에서 나를 흉보며

내 음식을 축내는 모습을 미리 보는 즐거움

우리나라에는 코미디 학원이 다른 나라에 비해 턱없이 부족한데 그 비싼 땅 여의도 한복판에 정장 차림의 신사숙녀들이 자발적으로

학원을 운영하고 있다는 말에 나도 모르게 웃을 수 있는 즐거움을 경험하면서

여자들이 입는 스커트와 훈육선생님의 잔소리는 짧을수록 좋다는 말에

어느 문학상을 수상할 때 미리 준비해 온 수상소감을 말하면서

자리를 같이 한 사람들의 지루함을 어떻게 견뎌내나 하는 순간에

짧은 것으로 준비한 것 '감사합니다.'란 한마디와

좀 긴 것 '대단히 감사합니다.'란 말을 하면서 참석자들에게 웃음을 주는

헤픈 웃음 보이며

가끔은 헤픈 웃음 보이며 살아가고 싶다
시시비비 가리다 웃음 잃은 이웃들
원수지간 되어 등 돌리고 사느니보다는

비워야 채워진다는 역설도 받아들이며
때로는 바보인 듯
'미안해…'
내가 먼저 미움 접으면
내 가슴속 천사 기분 좋아하겠지

천치라면 어떻고
바보라면 어떤가
눈 감고 귀 막고 할 말 덮으면
마음이 편해지는데

친구야!
어찌 이기고만 사는가
때로는 알면서도 모르는 듯
이길 수 있으면서도 지는 듯

덮어두고 살아가노라면
헤픈 웃음 보이고 살아가노라면

남녘하늘 외로이 날아가는
저 기러기
가족들 기다리는 품으로 날아가는데

상처의 향기

딱따구리가 참나무 옆구리를 쫀 흔적이 깊게 패였는데
그 속에 어린 생명들이 꿈틀거리고 있다
딱딱 똑똑
큰 공사 벌이는 소리
새벽 공기를 가른 일이 한두 번이었던가
그곳에서 세상구경 시작한 딱따구리들이
고향집을 찾아왔나 보다
많은 식솔 거느린 증조모 뻘 되는 노조老鳥
희색이 만연하다
내 옆구리에도 절벽 같은 육아 흔적
풍란이 자란다
할퀴고 간 상처의 흔적
매운 풍란의 향기 진하게 풍겨
절벽을 다독인다
아득한 거리에 마주한
상처의 향기가 곱다

적

이 세상에
가장 큰 적은
타인이 아닌 자신이라는 사실을
아는 사람은 드물다

남과의 약속은 잘 지키지만
자신과의 약속에는
무신경인 사람들
남을 위해서는 몸까지 바치지만
자신을 위해서는 인색한 사람들
지금 나는 7부 능선을 넘어서고 있지만
항상 출발선상에 있을 때를 생각함은
내가 우매한 사람이라는 것을
은연 중 알려주는 것이다

나를 제대로 다스리는 나
나를 제대로 가르치는 나

그래야
가장 큰 적과의 동침은 이루어진다

화톳불

파란 불꽃 일으키며 타는 너는
이국의 소년이었다
둥글게 모여 앉은 소녀들
너의 황홀한 연출에 넋을 잃었다

너의 묘기에
잡다한 생각들이
너울너울 춤을 추고 있다
너를 보면 시린 마음이
열대의 모래밭으로 달려갈 것 같다

너는 슬픔을 데우고
고통을 지우는 사람이다
네가 지우고자 하는 과거의 편린들
지독한 냄새를 피우는 상처 속에 숨어
고개 숙이다 새 근육질로 환생한다

네가 태우는
의지의 화신
소녀들의 아궁이로 빨려들면

생나무 타듯 시꺼먼 연기
맥을 못 추고
의상 바꿔 입는다

욕망의 허상
허물을 벗고
따뜻하게 데워진 온돌방에
새 생명 탄생 시킨다

텃밭에서

신난다 살아 있는 것들 모두
신난다 겨우내 가뭄 탄 쬐그만
밭뙈기 봄이 되니 숨이 가쁘다
여남은 살 사내 아이 알통만한
힘으로 윤기 나는 새 잎 펄럭거리며
유월을 향해 달린다
채소들은 저마다 저를 만드느라
잎맥 따라 푸르름을 잔뜩 매달았다
순백 웃음 앞에 앉은 밥상
고소한 참기름 묻어나는 비빔밥이 보인다
호박잎에 궁그는 이슬 방울
기쁨의 호수엔 웃음이 넘쳐난다
상추와 아욱은 한 해 농사를 벌써 다 지었다
여린 새 순 눈 뜰 때
그 숨소리가 아니다
쬐그만 밭뙈기가 올해도
살아있다. 작년보다 숨소리가
엄청나게 크다

추적추적 비 내리는 날이면

어두워지려는 하늘 비 한 줄기 쏟아내겠다
이렇게 고적하고 을씨년스런 날엔
친구를 불러 논두렁에 퍼질러 앉아
막걸리 한 잔 마시고 싶다

주거니 받거니 기분 좋게 나누다
어지간히 취해지면
죽도록 하기 어려웠던 아쉬움도 토로하고
가슴속 깊이 묻어두었던 비밀도 털어놓고
살아가는 이유에 대해 얘기하고 싶다

더욱 취기가 오르면
그간 상처 받고 살아왔던 이야기 나누며
서로 간의 아픔 다독여 주고
친구 가슴으로 내가 들어가고
내 가슴에 친구를 불러들이고

이렇게 추적추적 비 내리는 날에는
부추전에 막걸리 한잔 나누고 싶다
세상에 하고 싶었던 말들
스스럼없이 쏟아내고 싶다

신선으로 등극하다

언제쯤 신선이 될 수 있을까
과연 나도 신선이 될 수 있을까
그게 궁금했다
아직도 설익은 내 인생
높음과 깊음은 하나로 통하는 것
깊숙이 내려앉기 위해
가파르게 오르는 농익은 삶의 길
청아한 물소리를 업고
바랑산을 오르는데
겨드랑이 밑이 간질거리며 날개가 돋기 시작한다
잘 익은 배처럼 단물을 흘리면서
급경사를 오르는데
심장은 골짜기로 굴러 떨어지고
새 심장 받아 먹고 단단해진 돌멩이들의 축하 속에
진초록향이 거수경례를 부치고
건각의 육송도 바싹 엎드려 절한다
갑자기 등장하는 운무
몇 번이고 우려낸 농도 짙은 구름을 타고 오른 흔들바위
그곳에서 흰 블라우스의 천사를 만났다
건너편 장군암이 손짓한다

둘이서 빠른 걸음으로 내달으니
초례청이 차려졌구나
여우비 내린 뒤 더욱 뽀얘진 구름을 타고 행진하는데
오색관중이 나를 에워싸고 박수를 보낸다
나는 오늘 기어이
그리도 소원하던 신선이 되었다

손 글씨

손 글씨를 쓴다
메모 말고 회의용 손 글씨 말고
편지나 일기 같은 글
혼자 글씨 연습하는 사람
글씨 잘 쓰는 사람 부럽다
키보드와 결별하고
메신저와 문자가 발달한 요즘
관심은 줄어든다
트위터나 블로그 글
미니홈피와의 결별
마음을 전달하는 손 글씨
말하지 않으면 안 되는 말일수록
말하기 힘들다
생각하고 있는 것을 전부
말할 수 있는 사람 없다
학창시절 주고받은 마음 아직도 책상 서랍에 있다
메일이나 문자는 그렇지 않다
시간을 들여 편지를 쓰고 싶은 사람 있다는 건
소중한 사람이 있다는 말씀
손으로 꾹꾹 눌러 쓰고 싶을 만큼

중요한 이야기나 마음이 '내 안'에 있다
만년필은 시간이 걸린다
하지만, 그 시간은
상대를 생각하는 시간이다
손 글씨를 쓴다는 건
사랑하는 사람이 있다는 것

아름다운 선율

아직도 동이 트기는 멀었는데
별빛을 바라보면서 출근하고 있다
버스에서 내려 시장 골목을 걷는다
목적지까지 좀 더 걷기 위함이다
갑자기 천상의 음악이 들린다
그리움으로 쓰는 서정시
플라스틱 지붕 위에 내리는 고운 선율
마음의 호수에 물수제비가 뜬다
쉽게 접할 수 없는 음향
평안이 심장 속을 점령한다
마음의 원고지에 사랑이 축적된다
조화를 이룬 화음
하늘 나라 막내딸이
지구 여행하는가
계절에 어울리지 않게
조심조심 찾아온 여린 발걸음
가슴 가득 충만한 리듬이 흐르고 있다
겨울의 초입에
추운 날씨를 예상했는지
비를 피하는 비둘기 부부도 미리 착석해 있다

그들도 고운 음악에 심취해 있다
온몸에서 파란 김이 모락거린다
발바닥에 부착된 용수철
탄력이 상쾌하다

바보 같은 여자

내를 건너야 합니다
징검다리가 놓여 있습니다
이십 개는 되는가 봅니다
비 오고 바람 부는 날 많았습니다
이제 여덟 개 건넜습니다
등에서는 땀이 흐릅니다
여기까지 오는 동안 등짐을 풀어볼까도 생각했습니다
그럴 수 없었습니다
내 남자가, 내 분신이 떨어지지 않았습니다
역풍이 부는 날 자빠질 뻔 했습니다
큰 비 퍼붓던 날도 그랬습니다
밑동이 부실한지 돌이 흔들립니다
지난 세월 생사고락을 함께 한 사람들
나는 떨쳐버릴 수 없었습니다
심장이 멎을 듯한 고통이
창자를 끊어내는 아픔이
유명 폭포의 곤두박질보다 컸습니다
희미한 기억 속에 지나온 발자취가 보이는 듯합니다
아홉 번째 돌로 발을 옮겨야 합니다
몸이 말을 듣지 않습니다

보이는 것도 그렇고

걷는 것도 예전 같지 않습니다

젊음이 오래 지속될 것이라 자부한 세월인데 브레이크를 잘게 밟게 됩니다

그래도 건너야 합니다

무릉도원의 춘시절 물결도 잔잔합니다

건너야 합니다

건너가야 합니다

바보 같은 여자는 건너야 합니다

쓰레기통

넙죽넙죽
던지는 대로 꿀꺽, 아이들의 코 푼 휴지 먹다 남은 음식찌꺼기
씹지도 않고 위장 속에 집어넣는다
누군가 꾹꾹 나를 눌러 밟고 돌아서 가는
뒷모습이 슬프다
노곤한 팔다리
신새벽 누군가 툭, 발길질하며 지나치자
펑 소리와 함께
뿔뿔이 흩어져 날아가 버리는 삶

저것들 봐
딱딱하게 굳어 가는
내가 먹어치운 시간들이
벽이 되어 점점 압박해 온다
저기, 네가 누운 자리
달빛도 눈시울 젖는데
어둠을 향해
컹컹
삽살개 울음 되어 동네를 흔든다

6부

꽃잔디

갈대

작은 키로 까치발 섰다가
약한 몸으로 바람에 휘둘리다가
이제사 구실 하는가 했는데
흐르는 세월이 성한 몸
삭신 아프게 하였다
뒤돌아보면 길지 않은 삶
잃은 것만큼 얻은 것도 많았다
바람처럼 다가오는 세월에 안겨 보고
구름처럼 멀어지는 세월에 투정도 해봤다
어지러운 세상 빗질하다 보니
꽃 피워 한 세월 일으켜 세웠고
꽃 지며 한 세월 접는 것도 익혔다
날 세운 칼바람이 강하다 한들
허리 꺾지는 못 한다
삭막한 세상 모두 감싸고
살아온 세상 그래도 아름다웠다
시간과 더불어 빛은 시들기 마련
기우는 몸 만신창이 된다 해도
오늘도 성글어진 벌판에 서서

꽃잔디

기울어져 가는 집안의 넷째
어머니가 소파수술비만 마련했어도
나는 세상에 없을 아이
흙만 가지고 놀아도
키가 자라지 않아도
아무도 거들떠보지 않는 아이
밟히고 밟혀도 끄떡없는 아이

다산성 엄마는
오늘 또 동생을 낳았다

울타리 밑에 형제들 모이면
동네 사람들도 함께 모여
인물 좋다고 형제애가 남다르다고
한여름 우리가 걸어간 거리는
두 뼘도 안 된다

내 키는 작고 옆으로만 퍼져서
볼품이 없지만
엄만 날 사랑했다

엄마는 시도 때도 없이
벽에 기대 오줌을 누었다
그 때마다
동생들이 쏟아져 나왔다

산 1

듬직한 가슴을 가지고 있다고?
어지간한 것 가지고는 화를 내지 않는다고?

멧돼지 나타나 안마당 짓이겨 놨는데도 말을 아니 한다고?
초록 생명들이 옆구리를 들쑤셔도 웃으며 바라만 보고 있다고?

하긴 그래 부처님 제자인데
해맑은 눈동자 가지고 있는 동자승도 가르치는데
자비를 제일로 치는 청순한 얼굴 가지고 있는데

엊저녁에는 북소리 울렸다고?
누구든 찾아오면 맞아준다는 북소리였다고?

산 2

비가 와도 눈이 와도 당신 품은 잊을 수가 없습니다
초록 잎새들 사립문 열고 나와 환영합니다
작은 생명들도 옆에 서서 환영합니다
작은 계곡 만들어 길을 내며
사람들 불러 모읍니다
괴로워도 슬퍼도 당신 가슴은 하해 같습니다
당신 가슴은 웃음 공장
당신은 아픈 삭신 다독여주는 최고의 의사
시끌시끌 안마당에 풍장소리 가득합니다
당신은 먹거리까지 내놓으며 격려합니다
돌아가는 사람 친히 안내하며 향기 나누어 줍니다
내일도 사람들은 또 당신을 찾을 거지요
나도 함께 하렵니다
그러다가 아들 등에 업혀와
영원한 당신의 제자 되기를 원하는 날도
기쁜 마음으로 받아주실 거지요

하안거

땡볕에 그리는 수채화
자작나무 숲에서 단풍을 만나고
야트막한 언덕에서 푸르름을 만난다

구절초처럼 살아온 삶
타다 남은 심지 살리고
인고의 세월 흘려 온 누액
환호하는 열세 살 소녀의 유두만한 분신들

하얀 저고리 까만 치마가 출렁이는
나지막한 야산
약관의 길 걸으며
읽게 되는 첫사랑 소녀의 편지

하안거 마친 계곡물
침상으로 찾아오는 쌍무지개
자잘한 열매들이 절망을 업어치기하고
풋풋한 가슴에 촛불을 켠다

마음 속 물레방아
세월을 뒤로 돌리고
청산에 뿌린 작은 씨앗들
대지를 넉넉하게 조각하는
황금 기둥들

밭농사

밭농사를 하기로 했다
장닭보다 먼저 일어났다
밭둑엔 벌써 산을 한 바퀴 돌고 온 장화가 자리를 잡고
마음의 친구를 불러 장화 속에 들어가 밭두렁을 걷는다
걸을 때마다 장화소리에 놀란 개구리들이
펄쩍펄쩍 뛴다. 그 소리에 놀라 풀들도 키를 낮춘다

농기구를 들고 조그마한 밭에 그림을 그린다
상추가 생겨나고
시금치가 그려지고
메뚜기가 날아온다
가느다란 민들레 목 위에 턱을 괴고
구경하던 햇살은
새참 내오는 아낙의 광주리 속에서
계란프라이를 익힌다

이른 아침 이마에 맺히는 이슬방울
밤이면 고랑마다 노곤한 모습 매달던 해님
아침이면 꺼내 밭고랑에
신비를 그리고
주인을 맞는다

세 친구의 어떤 품앗이

아래뜸 양반이 입원했다. 이걸 어쩌나
큰 공사를 해야 한다고
합덕댁과 우강댁이 아래뜸 양반 입원한
병원에 가서 여러 날을 함께 했다
일 년 뒤 합덕댁이 입원했다. 이걸 어쩌나
큰 공사를 해야 한다고
아래뜸댁과 우강댁이 병원에 가서
여러 날을 같이 지냈다
이 년 뒤 우강댁이 입원했다. 이걸 어쩌나
큰 공사를 해야 한다고
아래뜸 댁과 합덕댁이 병원에 가서
여러 날을 같이 지냈다
이것으로 품앗이가 끝나는가 했다
이번에는 아래뜸댁과 합덕댁과 우강댁이
요양병원에 같이 입원했다.
이젠 큰 공사로도 안 된다고
마주 보고 있는 세 친구
눈동자가 촉촉하게 젖어 있었다

* 합덕 · 우강 : 충남 당진시 합덕읍과 우강면

어느 노인의 편지

가끔씩 만나는 허리 굽은 노인
사람이 그립다 했다. 뿌리 없는 고독과 산다 했다
물 한 컵 앞에 놓고
지나간 세월을 함께 더듬었었다

한 동안 뜸했는가
짧은 편지 한 장 고이 접힌 채 밭 울타리에 걸려있다
"씨앗 좀 드리려고 조금 매달아 놓았으니 심어보세요."
저 부드러우면서도 가녀린 사랑이
내 가슴을 열고 들어왔다
땅에 닿을 듯한 허리 곧추 세우고
치마 대신 통바지 입은 아흔 된 노인이 건넨 온기 있는 입김

흙냄새 물씬 풍기는 글자들을
봉안하여 끌어안고 나는 산을 내려왔다
금방이라도 쓰러질 듯한
허름한 벽에 바짝 붙어 자라고 있는 봉숭아처럼
붉은 모가지를 달고 있는 이것은 무엇인가

풍상에 낡아버릴 대로 낡아진 노인의 편지를 받은 뒤로

난 편백나무 숲에서 정기를 받고
내려온 아이처럼 눈이 빛났다
그리고 오늘 빨랫줄에 걸려
나풀나풀 춤 추는 노인을 받아 안았다

친구야, 지금 만나자

오늘 저녁 약속 있는가
아님, 이번 주말은 어떻고
아니, 그러지 말고 지금 만나자
'언제 한 번'이라는 말은
만나자는 말인지 스쳐지나가는 말인지
애매할 때가 많다
친구야! 자네와 나는 그런 사이가 아니니까
지금 만나 막걸리 한 잔 하자
지난 번 만났던 그 집
파전을 맛있게 부쳐주던 집
서글서글한 눈빛 우스운 얘기 잘 하는 주모가 있는 집
거기서 막걸리 한 잔 걸치면서
달콤한 인생 얘기도 하고
더러운 세상 이야기도 하고
덕지덕지 묻은 피로도 씻고
지금 만나 막걸리 한 잔 하자

구두

세월이 저만큼 흐른 날 오후
내 구두는
어디를 그리 쏘다녔는지
노구의 안면만큼이나
구겨져 있다

어릴 적 신던 검정고무신은
고향집 친구들 따라 이미 떠났고
학창시절 신던 단화도
첫사랑 소녀와 도시로 갔다

언제부터인지
부끄러운 발이 보일까
돌부리에 넘어질까
아래만을 바라보며 살아오는 너에게도
잔주름이 생겼구나

이번 휴가 땐
성형외과에 같이 가자꾸마

보리밭

푸른 바지 입고 이어달리기 하는
네 후손들의 모습
오늘 따라 늠름해 보인다

백척간두에 섰던 나라
너는 개떡으로 주먹밥으로
백성들 입에 리듬을 달았다
대포소리도 겁내지 않았다

엄동설한
손등, 발등이 다 터도
너는 의연했다
불량배들의 계획적 방해에도
백성들은 너를 맘껏 안아 주었다

오늘
네 후손들이
상대 골대를 무차별 공격하고는
누런 유니폼으로 갈아입었다

넉넉한 어머니의 품이다
지나가던 새들도
네 모습에 감탄하며
두 손 번쩍 들어
'하이파이브'를 외치고 있다

남은 자

돌아서지 마라

절벽은 남은 자를 위해
존재하는 것
온 세상
시간도 멈춰 서버린 여기

무너져 내린 필봉산이
그 모습 그대로
무릎으로 기어오른다

오늘 새벽
너를 향한 그리움의 눈물로
실한 베옷 짜 입은 뒤

암벽을 오르리라

벽은
남의 자의
희망인 것이므로

마을 지키는 은행나무

은행나무라고는 할 수 없는
노오란 잎새 서넛 매달고
마을 어귀를 지키고 있다

은행을 매달고 살았음을
그가 은행의 뿌리로부터 왔음을
지금은 도무지 알 수 없듯이
나 자신조차도 나를 알 수 없는
겨울의 길목을
떨어질 듯 떨어질 듯
서로 기대고 섰는
은행잎의 세상살이

바람이 나무를 흔드는
순간
영혼들의 깨달음을 얻는
그 엄숙한 얼굴빛을
나는 보았다

□작품해설

유장한 리듬으로 직조織造한 인생 파노라마

— 문희봉 시집 『상처의 향기』

시인 엄 기 창

1. 시의 리듬

시가 일반적인 산문과 다른 점은 운율 있는 언어로 표현한다는 사실이다. 따라서 시의 생명력은 운율에 있다고 할 수 있다. 정형성이 강조되는 시조나 한시에서는 시의 음악성이 절대적이었다. 아무리 내용이 훌륭하다 하더라도 정형성에서 벗어나면 좋은 시로 인정을 받지 못했다. 그러나 현대시는 이미지를 중시하기 때문에 운율은 내재화되어 겉으로 드러나지 않는 경우가 대다수다. 운韻이나 율격律格으로 나누어 두운, 요운, 각운, 음성율, 음수율, 음보율 등으로 구분하기는 하지만, 운율의 유려함이 반드시 좋은 시의 필수조건이 되는 것은 아니다.

자유시가 우리 문학의 한 장르로 뿌리를 내리던 현대문학의 여명기엔 3·4조나 7·5조의 음수율에 맞추어 시를 쓴 분들도 많지만, 시대가 변화하면서 산문시, 담시와 같은 유장한 내재율의 시가 유행하게 되었다. 이런 시의 장점은 작자가 전달하고자 하는 정서와 지성적 주제를 무리하지 않게 독자에게 전달할 수 있다는 데 있다. 이런 시인들 중 특히 내가 좋아하는 시인 중에 문희봉 시인이 있다.

> 둥글게 모여앉아 도란도란 피우는 이야기꽃
> 목젖을 넘는 맥주 한 모금이 어쩌면 이리도 부드러운가요
> 이골 저골 스쳐 견뎌온 난관 밀쳐버리고
> 밥순갈 속에 녹아 흐르는 행복이 나를 어부바해 줍니다
> 고개를 드니 찬란한 자연풍광이 동공 속에 잠깁니다.
>
> —「센트럴파크 301동 1802호」 일부

〈흩어져 사는 아들 딸이 아이들을 데리고 와서/ 적막강산이던 집에 활기가 넘치〉며 도란도란 모여앉아 행복한 한때를 보내는 한 서민의 단란한 모습이 전혀 급할 것 없는 담담한 리듬 속에 묘사되어 있다. 이러한 시에서 여울물처럼 운율이 너무 급박하다면 편안함은 오히려 깨어질 것이다. 완만하고 유장한 리듬 속에 자신의 삶을 독백체에 담아 표현하였기에 오히려 신선한 것이다. 늘 유쾌하면서도 낙천적인 그의 성격이 삶의 파노라마를 펼쳐 가는데 가장 적합한 선율을 창조해낸 것일까. 이 시인의 시는 자신의 인생 모습을 가장 잘 전달할 수 있도록 이토록 유장한 리듬으로 진화하였는지도 모르겠다.

2. 시심詩心의 고향 신석리

문희봉 시인은 1989년 『월간에세이』 수필 추천으로 먼저 문단에 등단하여 이듬해인 1990년 『한맥문학』 시 추천으로 시와 산문을 함께하는 시력 30년에 가까운 중견 수필가요 시인이다. 40여 년의 교직생활 동안 장학사, 교감, 장학관, 교장 등을 두루 거치며 바쁜 일정 속에서도 시에 대한 열정을 잃지 않은 분이다. 그러다 문득 돌아보니 고희古稀에 이르러 있다. 고희古稀라는 말은 두보杜甫가 지은 「곡강시曲江詩」에 나오는 '인생칠십고래희人生七十古來稀'에서 온 말로서, 사람은 예로부터 70세까지 살기가 드문 일이라는 뜻이다. 의학의 발달로 인간의 수명이 늘어나 70을 사는 것은 일상이 되었지만, 이 나이쯤 되면 누구나 지난 삶을 회고하며 삶에 대한 가치를 재인식하는 것이 보통이다. 이런 작업의 일환으로 그는 시집 『상처의 향기』를 상재한다. 이 시집에는 고희가 되어 되돌아보는 삶의 파노라마가 펼쳐져 있다. 이 시인의 시심은 당진 신석리에서 발아發芽하고 있다.

> 창공을 닮았던 지붕
> 저녁노을 넉넉하게 흡수하고
> 아침 햇살 받아마시던 넉넉한 가슴
> 툇마루에 적막 앉히고
> 주름 새기던 세월
> 소국의 향기 묻어나온다
>
> 나라님이 기거하던 사랑舍廊
> 콜록콜록 기침소리 배어나오고

부지런했던 저녁 시간
왁자지껄 소쿠리가 걸어 나온다

물정 모르던 별빛
성호를 그으며 떨어지던 사랑
동네 아이들 웃음소리 새어나오고
갈 길 먼 나그네
피곤 풀며 웃음 짓던 곳

이미 무너진 것들
땅과 악수 준비하고

제 몸 부려놓으며 짓는 한숨
그 속에 내 유년이
파랗게 웃고 있다.

—「신석리 시편 · 1 - 古家」 전문

타향에 나와 떠돌다가 유년을 회상하면 제일 먼저 떠오르는 것은 어린 시절의 기억을 고스란히 간직하고 있는 고향집이다. 창공처럼 파아란 희망이 똬리를 틀고 있던 곳, 저녁노을마저 아침햇살로 받아 마실 수 있던 곳이기에 언제 어디서 생각해도 그리운 곳이다. 아버님의 기침소리 묻어나던 사랑은 친구들이 와서 놀고 가고 나그네마저 하루 유할 수 있게 넉넉한 인정이 배어있던 곳이다. 내가 문희봉 시인을 늘 존경하는 것은 타인을 위해 몸을 아끼지 않고 봉사할 줄 아는 것인데, 이는 피곤한 나그네에게 쉴 곳을 마련해주시던 선친先親의 따스한 마음을 물려받은 것이 아닐까. 땅과 악수할 때가 다 되어 한숨 지으며 바라보는 고향집엔 유년의 모습이 살아있다는 향수鄕

愁 어린 시이다. 절제와 응축을 지향하는 시가 아니라고 쉬운 것은 아니다. 오히려 느릿느릿 풀어쓰는 시일수록 좋은 시로 완성하기가 더 어렵다. 이 시는 〈툇마루에 적막 앉히고/ 주름 새기던 세월/ 소국의 향기 묻어나온다〉든지 〈나라님이 기거하던 사랑舍廊/ 콜록콜록 기침소리 배어나오고/ 부지런했던 저녁 시간/ 왁자지껄 소쿠리가 걸어 나온다〉 또는 〈그 속에 내 유년이/ 파랗게 웃고 있다.〉 등의 감각적 이미지를 군데군데 보석처럼 박아 긴장감을 잃지 않은 점이 훌륭한 시로서의 요건을 갖추었다 하겠다.

일반적으로 문학작품에 대한 평설은 내용을 중심으로 전개하는 것이 보통이지만, 유년에 뿌리를 두면서도 형식미학과 표현감각이 돋보이는 또 다른 작품을 살펴보기로 한다.

> 오랜만에 찾은 고향
> 집집마다 원추리꽃이 지천이었고
> 사람들은 푸르디 푸른 하늘 아래
> 호박 잎새만한 생을 펼쳐 들고
> 리듬을 안고 살아가고 있었다
>
> 쥐불놀이하던 고향 언덕
> 황토색 언덕들
> 고향집에는 어머니가 양파 속 같은 그늘에서
> 빨래를 개고
> 토방 위에 가지런히 놓인 신발들은
> 강아지들과 오수를 즐기고
> 뒤란에서는 닭들이 생산라인을 가동하고 있었다

가끔씩 찾는 고향
개펄 같은 허허로움이 무딘 시각을 맛사지한다
반갑다고 온몸 흔들어주는 나무의 손을 잡고
젊어서는 바빠서 못 오고
지금은 너무 멀어 자주 못 온다니까

살구나무는 웃으며 말한다. 자기는
아무리 바빠도
아무리 멀어도
봄만 되면 찾는다고

—「미안합니다」 전문

4연 21행으로 구성된 이 작품도 오랜만에 고향에 찾아가서 발견한 유년의 모습이 가득 펼쳐져 있다. 〈집집마다 원추리꽃이 지천〉이었고 사람들은 〈호박 잎새만한 생을 펼쳐 들고/ 리듬을 안고 살아간다〉 이 시는 고향의 그리움을 불러오는 쥐불놀이, 황토색, 토방, 빨래, 신발, 닭, 개펄, 살구나무 등의 향토적 어휘들과 상생작용을 일으켜 누구나의 삶의 근원이 될 어린 시절의 모습을 신선하게 형상화해 놓았다. 우리가 보통 시에서 사용하는 어휘는 시적 어휘이거나 일상적 어휘인데, 문희봉 시인은 일상적 어휘들을 그 시에 가장 잘 맞는 옷과 같은 시적 어휘로 변모시키는 뛰어난 재주를 지니고 있다. 그의 유년 시에는 〈불쑥 사타구니에 손을 넣어/ 감자 같은 내 불알을 만져보시던// 아버지「그 여름」〉도 있고, 오색실과 바늘, 산수유꽃 사랑, 개구리울음, 풋내 나던 사랑을 담고 있는「누이의 가방」도 있다. 그리움을 불러일으키는 토속적 소재들은 다 거기 살고 있다. 이런 소재들은 문희봉 시인의 시적 성장을 가져오는 데 결정적 역할을 하였던 것들이다. 그의 시는 이런 시어들을 적절하게 무늬로 박아 적절한 비유와 상징의 형식미를 갖추었기에 더욱 감칠맛이 있다.

그의 인생 파노라마의 시작은 이렇게 가난하지만 정서적으로 안정을 이루었던 유년시절로부터 펼쳐지고 있다.

3. 생명의식의 향기

'생명이란 무엇인가?'라는 물음에 대해서 사람들은 다양한 방식으로 그 해답을 찾고자 했다. 유치환은 그의 시 「생명의 서」에서 생명 탐구에 대한 결연한 의지를 통해 '본연한 생명'으로서의 '나'를 발견하려 한다. '아라비아 사막'이라는 극한 상황을 설정하고, 극한상황의 극복을 통해 '생명이란 무엇인가'에 대한 해답을 찾으려는 것이다.

최형철은 그의 시집 『찔러본다』에서 자연의 순환 질서에 의해 직조해가는 생명의 직물織物과정을 통해 다른 해답을 찾으려는 노력을 하였다.

문희봉 시인의 시 속에서도 생명에 대한 근원적 의문을 해결하려는 시 몇 편을 발견할 수 있어 새로웠다.

> 그해 가을 장태산에 깊이 들어갔다가
> 나뭇잎을 덮고 누운 어린 고라니 주검을 보았다
>
> 육탈된 뼈는 희고 가늘었는데
> 그의 마른 가죽이 단단히 붙잡고 있었는데

그 검던 눈동자가 있던 자리에
어린 잡목들의 세력 다툼이 벌어지고 있었다

나무 뿌리들이 조금씩
그의 몸속으로 들어올 때
얼마나 간지럽고 고통스러웠을까

나도 아무런 대책 없이
생의 깊은 곳까지 들어갔다가
누군가에게 나를 내어줄 때가 된다면
간지럼도 고통도 참으며
나무들에게 내주고 싶다
미물들에게 내 몸을 맡기고 싶다

— 「장태산에 가서」 전문

인용된 시에서는 약해서 죽은 어린 생명에 대한 연민과 죽음에 대한 달관이 나타나 있다. 인정 많고 따스했던 아버지와 다정한 어머니, 그리고 누이와 어울려 행복한 유년시절을 보낸 시인은 감수성이 풍부했으리라. 장태산에 갔다가 죽어 하얀 뼈만 남은 고라니와 그 몸을 차지하려고 세력다툼을 하는 잡목들을 보면서 〈얼마나 간지럽고 고통스러웠을까〉 하는 연민에 빠진다. 그리고 자신도 고라니처럼 생명을 다하게 될 때에는 자연에게 몸을 맡기고 싶다는 죽음에 대한 긍정적 인식도 나타나 있다.

여기에 '생명이란 무엇인가'에 대한 하나의 해답이 담겨있음을 알 수 있다. 생명이란 존중받아야 할 소중한 존재이고 소멸은 고통스러운 것이지만 죽음도 결국 자연 순환의 길목에 있는 하나의 현상에 지나지 않으니 순응해야 한다는 깨달음. 모든 생명의 주인은 결국 자연이고 생성도 소멸도 자연의 이치 안에 있다는 말이니 이것이 결국은 자연동화의 동양적 사상의 한 조각이 아닐까.

이 시인의 시집 위를 거닐다 보면 이러한 향기를 풍겨주는 시들이 매우 많다는 것을 알 수 있다. 생명의 이치를 탐구하는 것은 매우 관념적이라고 할 수 있다. 그러나 이 시인의 시 속에서는 지나치게 관념으로 흐르는 것을 피하고 있다. 때로는 추상적이지만 그러나 추상을 피해 시인이 말하고자 하는 내용을 날카로운 감각적 이미지로 환치하여 표현함으로써 보이고 들리고 만져질 수 있도록 형상화하고 있다. 문희봉 시인의 형식적 미학의 뛰어남이 바로 여기에 있음을 느끼겠다.

가끔씩 부처님을 뵈러 가는 날은
몸이 가볍다
가는 길 비 흠뻑 맞고
꽃들이 피고 있었다
내 몸도 근질근질 무엇이 튀어나오려는지
불쑥불쑥 무언가 내밀기 시작했다
꽃이었다. 몸에서 피는 것인가
마음에서 피는 것인가
내 몸 이곳저곳에서 채송화가 피고
맨드라미도 피었다
배꼽 아래에서는 눈부신 불두화가 피어나고
연초록에서 눈부신 흰색, 그리고는 누런색
절 마당에서 대웅전으로 오르는 길 양 편

부처님 두상을 닮은 불두화가 내 몸에 핀다
부처님 앞에 공손히 절하고 내려오면서
다시 한 번 바라본다

— 「불두화」 전문

위의 시 속에는 불교적 사유가 드러나 있다. 부처님을 만나러 가는 날 비가 내리고 비속에서 새 생명이 탄생한다. 새 생명은 꽃으로 피어난다. 채송화가 피고, 맨드라미가 피고, 불두화가 피는데, 이 모든 꽃들은 자신의 몸속에서 피어난다. 몸속에서 피어나는 꽃들은 부처님을 만나기 때문에 피어나는 것이니 생명의 창조주는 바로 부처님이다.

근질거리는 몸속에서 불쑥불쑥 피는 꽃들은 법열의 기쁨이며 꽃이 자신과 하나가 되는 자연과의 동화, 물아일체의 경지다. 부처님에 대한 사유와 자연 동화 사상은 불교와 도교라는 동양사상 한 묶음으로 묶을 수 있는 것들이니, 위 시에서는 16행 단연의 길지 않은 동양적 사상이라는 토양 속의 시 한 편에 찬란한 생명들을 피워낸 것이다.

시든지 수필이든지 소설이든지 문학작품이 일단 뜨기 위해서는 타임이 가장 중요하다. 타임에 맞는 문학작품은 그 시대의 이슈에 영합해야 하는데, 전통적 생명의식이나 동양적 사상이 무슨 현대적 사고의 흐름에 꽃처럼 아름다운 그림자로 떠가겠는가.

문희봉 시인의 시는 젊은이들의 감성에 억지로 맞추려는 욕심이 없다. 오래 역사에 남기고 싶다는 욕심도 없다. 굳굳하게 자신의 세계를 지켜가며 삶의 모습을 파노라마로 펼쳐간다.

너무도 욕심 없는 자연 그대로의 시이기에 문희봉 시인의 시가 더욱 귀하다.

4. 인간 본질에 대한 사랑

> 나는 종려나무가 자라는 곳에서 온 정직한 사람입니다.
> 죽음을 맞기 전 나는 내 영혼의 시를 노래할 것입니다.
> 나의 시는 푸른색에서 불타는 분홍색에서부터 나온 것입니다.
> 나의 시는 숨을 곳을 찾아 산을 헤매는 상처 입은 사슴입니다.
> 땅위의 가난한 사람들과 나의 운명을 함께 하고 싶습니다.
> 깊은 산에서 졸졸 흘러나오는 시냇물은 바다보다 더 큰 기쁨을 줍니다.
>
> — 호세 마르티 「소박한 시」

인용 시는 쿠바의 시인이자 독립운동가인 호세 마르티의 시이다. 호세 마르티는 평생 쿠바의 독립을 위해 몸 바쳤던 인물로 쿠바의 좌파나 우파가 모두 존경하는 쿠바의 정신적 지주이다. 쿠바가 스페인의 식민지였던 시절, 그 참혹한 현실 속에서 그는 조국과 인간에 대한 간절한 사랑을 노래했다. 그의 소망은 '가난한 사람들과 운명을 함께하고 싶은' 것이다. 인간에 대한 사랑은 거짓으로 쓸 수 있는 시가 아니다. 나보다 힘든 사람들을 진정으로 사랑하는 사람, 이런 사람들만이 시 속에 진정을 담을 수 있기 때문이다.

문희봉 시인은 고등학교 선배로서 내가 존경하는 형님이다. 한국문인협회 대전지회장을 할 때 부회장으로, 대전문학 편집위원장으로 있을 때는 편집위원으로 그의 곁에서 인간에 대한 그의 사랑을 여러 번 확인한 바 있다. 그는 어려운 일이 있을 때 남에게 미룰 줄 모르는 사람이다. 힘든 사람들을 외면할 줄 모르는 사람이다. 이는 극진한 인간애를 지니셨던 선친으로부터 유전적으로 이어받은 성품이기도 하지만, 그의 고향마을과 정 많은 가족들을 끌어안고 살아가면서 인도주의적 가치관이 더욱 성장하지 않았을까.

그의 시를 따라가다 보면 인간에 대한 지극한 사랑으로 찍힌 발자국들을 군데군데서 발견할 수 있다.

가끔씩 만나는 허리 굽은 노인
사람이 그립다 했다. 뿌리 없는 고독과 산다 했다
물 한 컵 앞에 놓고
지나간 세월을 함께 더듬었었다

한 동안 뜸했는가
짧은 편지 한 장 고이 접힌 채 밭 울타리에 걸려있다
"씨앗 좀 드리려고 조금 매달아 놓았으니 심어보세요."
저 부드러우면서도 가녀린 사랑이
내 가슴을 열고 들어왔다
땅에 닿을 듯한 허리 곧추 세우고
치마 대신 통바지 입은 아흔 된 노인이 건넨 온기 있는 입김

흙냄새 물씬 풍기는 글자들을
봉안하여 끌어안고 나는 산을 내려왔다
금방이라도 쓰러질 듯한
허름한 벽에 바짝 붙어 자라고 있는 봉숭아처럼
붉은 모가지를 달고 있는 이것은 무엇인가

풍상에 낡아버릴 대로 낡아진 노인의 편지를 받은 뒤로

난 편백나무 숲에서 정기를 받고
내려온 아이처럼 눈이 빛났다
그리고 오늘 빨랫줄에 걸려
나풀나풀 춤추는 노인을 받아 안았다

—「어느 노인의 편지」 전문

현대에는 고독과 친구하며 살아가는 노인들이 많은 시대다. 그러나 이웃들에게 '씨앗 좀 드리려고 조금 매달아 놓았으니 심어보세요.'하고 몰래 사랑을 보내는 사람은 많지 않다. 이런 온기 있는 입김을 받아들이고 정기를 받아 눈이 빛날 수 있는 것은 시인 자신이 인간에 대한 사랑을 지니고 있는 사람이기 때문이다. 이시에선 시인이 바로 노인이요, 노인이 바로 시인이다. 두 사람은 인간애라는 밧줄 속에 함께 묶여있는 공동체이다.

이 시는 마치 따뜻한 수필 한 편을 읽는 느낌이 나는 시이다. 유장한 내재율 속에 「~다」로 끝나는 평서형 종결어미와 「~가」로 끝나는 의문형 종결어미, 이 단순한 종결이 가슴을 더 촉촉하게 적셔주는 역할을 해 주는 것은 아닐까.

요즘 젊은 시인들 중엔 머리에서만 드라이한 실을 뽑아내어 시의 옷감을 짜는 시인들도 많이 있는데, 문희봉 시인의 시에는 인간에 대한 애정을 넘어 사물에 대한 곡진한 사랑까지 드러나 있다. 이 시인의 시는 가슴으로 쓴 시라서 시를 통해 그의 다정다감함이 시에 가득 배어있음을 발견할 수 있다.

세월이 저만큼 흐른 날 오후

내 구두는
어디를 그리 쏘다녔는지
노구의 안면만큼이나
구겨져 있다

어릴 적 신던 검정고무신은
고향집 친구들 따라 이미 떠났고
학창시절 신던 단화도
첫사랑 소녀와 도시로 갔다

언제부터인지
부끄러운 발이 보일까
돌부리에 넘어질까
아래만을 바라보며 살아오는 너에게도
잔주름이 생겼구나

이번 휴가 땐
성형외과에 같이 가자꾸마

—「구두」 전문

우리가 소지한 사물 중에 아마 구두만큼 고생하는 것은 없을 것이다. 그렇지만 이러한 물건에게까지 애정을 느끼는 사람은 흔치않을 것이다. 우리가 사는 시대가 그만큼 각박하고 메마르기 때문이다.

어느 날 오랜 세월을 함께한 구두를 보니 자신의 얼굴만큼이나 주름져 있다. 여기서 시인은 과거에 떠나보낸 신발과 함께 곁을 떠난 사람들을 생각해 본다. 그러다 우연히 자신도 구두처럼 낡고 구겨져 있음을 발견하고 다시 젊음을 찾고 싶은 욕망을 느낀다.

시의 내용은 단순하지만 독백체와 담화체를 적절히 섞어 오랜 세월을 함께한 구두에 대한 애정을 더욱 진실되게 표현하였다. 이 외에도 「꽃잔디」에서는 '꽃잔디'처럼 형제를 많이 불려준 어머니에 대한 애정이, 「친구야, 지금 만나자」에는 막역한 친구에 대한 애정이 잘 드러나 있다.

5. 삶에 대한 깊은 통찰

바쁜 일상에 쫓겨 정신없이 살다가 어느 날 거울을 보면 자신의 인생에도 가을이 왔음을 문득 발견할 수 있다. 인간이란 누구나 늙는 것을 싫어한다. 우탁의 탄로가嘆老歌를 보면 "춘산春山에 눈 녹인 바람 건듯 불고 간 듸 없다/ 져근덧 빌어다가 마리 우희 불니고져/ 귀밑에 해묵은 서리를 녹여 볼까 하노라"라는 늙음을 한탄하는 내용이 있다. 이를 보면 옛날 사람이나 현대 사람이나 늙음에 대한 부정적 감정은 동일한 것임에 틀림없다.

그러나 다른 한편으로 살펴보면 늙는다는 것을 무조건 배척하기만 할 일은 아니니다. 삶의 나이테가 늘어갈수록 그만큼의 연륜이 쌓이고, 연륜이 쌓인 만큼 인생사에 대한 통찰도 깊어지기 때문이다.

문희봉 시인이 어느새 고희古稀를 맞았다. 인생 칠십은 예로부터 이르기 어려운 나이이기에 고희古稀에 상재한 시집 『상처의 향기』에는 인생사에 대한 깊은 통찰이 담겨있는 시편들이 많아 새로웠다.

감자 한 상자 들여놓았습니다
시간이 흐를수록
진액이 상자 속에서
내를 이룹니다
봄바람, 여름 땡볕 아래 살 태우며
키워온 정성들인데 세월 앞엔 속수무책입니다

정신 희미해진
노모 요양원에 모셨습니다
날이 갈수록 기력이 약해지면서
감자 썩듯 몸이 오그라듭니다
얼굴에 푸른 반점 돋아나니
그걸 잡고 헤헤 웃습니다
쪼그라드는 오줌
가랑이 사이로 질질 흘립니다

여름 땡볕 아래 허리 휘도록 그러모은 자식들
뒷짐 지고 먼 산 바라볼 때
다이어트 된 감자 한 상자
울다가 울다가 웃었습니다

— 「감자 한 상자」 전문

인생의 가을을 맞으니 보이지 않던 것들이 슬픔으로 다가온다. 위의 시는 늙어 바짝 마르고, 기력이 약해지고, 정신마저 온전하지 않았던 어머니에 대해 무심했던 아들 중 한 사람으로서의 회한을 그린 시이다. 감자에 인격을 부여하여 노모와 감자를 동일화하고 〈감자 썩듯 몸이 오그라듭니다/ 얼굴에 푸른 반점이 돋아나니/ 그걸 잡고 헤헤 웃습니다/ 쪼그라드는 오줌/ 가랑이 사이로 질질 흘립니다〉와 같은 사실적 묘사를 통해 소름이 돋을 만큼의 애상을 느끼게 한다. 또한 〈여름 땡볕 아래 허리 휘도록 그러모은 자식들/ 뒷집 지고 먼 산 바라볼 때/ 다이어트 된 감자 한 상자/ 울다가 울다가 웃었습니다〉와 같은 풍자와 냉소를 통해 이제야 진하게 다가오는 과거에 대한 진한 회한을 느끼게 한다.

인생에 대한 통찰이 담겨있는 문희봉 시인의 또 다른 작품을 살펴보면,

> 작은 키로 까치발 섰다가
> 약한 몸으로 바람에 휘둘리다가
> 이제사 구실 하는가 했는데
> 흐르는 세월이 성한 몸
> 삭신 아프게 하였다
> 뒤돌아보면 길지 않은 삶
> 잃은 것만큼 얻은 것도 많았다
> 바람처럼 다가오는 세월에 안겨 보고
> 구름처럼 멀어지는 세월에 투정도 해봤다
> 어지러운 세상 빗질하다 보니
> 꽃 피워 한 세월 일으켜 세웠고
> 꽃 지며 한 세월 접는 것도 익혔다
> 날 세운 칼바람이 강하다 한들
> 허리 꺾지는 못 한다
> 삭막한 세상 모두 감싸고
> 살아온 세상 그래도 아름다웠다
> 시간과 더불어 빛은 시들기 마련
> 기우는 몸 만신창이 된다 해도
> 오늘도 성글어진 벌판에 서서
>
> —「갈대」 전문

시인 자신이 갈대가 되어 지나온 삶을 회고하는 시이다. 약한 존재로서 고난에 휘둘리다가 자부심을 느낄 만했는데 다시 세월에 상처 입은 몸이 되었지만, 잃은 것만큼 얻은 것도 많았다는 깨달음을 통해 시인의 긍정적 가치관이 나타나 있다. 그런 가치관을 가졌기에 〈어지러운 세상을 빗질하다 보니/ 꽃피워 한 세월 일으켜 세울〉 수 있었고, 〈삭막한 세상 모두 감싸고/ 살아온 세상 그래도 아름다웠다〉는 결론에 도달할 수 있었던 것이다.

문희봉 시인이 고희古稀가 되어 깨달은 세상은 때로는 고통스러웠지만 결과로는 아름다운 세상이다. 지나온 삶을 회상하며 아름다운 삶이었다고 확신을 갖는 사람은 행복한 사람이다. 신석리에서 태어나 단란한 어린 시절을 보냈고, 「눈부신 질주」, 「신바람」과 같은 시에서처럼 신바람 나게 인생을 살았다. 교육계에 투신하여서는 수많은 동량들을 길러내었으며, 장학사, 교감, 장학관, 교장 등의 임무를 과오 없이 완수하였고. 시인, 수필가가 되어 대전문인협회 회장 등을 역임할 수 있었다.

되돌아보면 그의 인생은 분명 성공한 인생이다. 이는 바람 속에서도 꽃을 찾아내는 그의 긍정적 가치관이 이룩해 낸 눈부신 성과이다. 이런 마음으로 빚은 시이기에 그의 시를 읽으면 마음이 편안해지는 것이다.

6. 유장한 리듬으로 직조織造한 삶의 파노라마

위에서 문희봉 시인의 시는 편안하다고 했다. 시의 내용이 환해서 편안하고, 시의 리듬 또한 유장해서 편안하다. 봄날의 햇살처럼 따스하고 밝은 그의 인생사가 급할 데 없는 시조창의 가락처럼 늘어져 짜여졌는데 불안하고 불편한 그늘이 머무를 곳 어디 있겠는가. 세상 모든 것을 아름답게 보고, 불행 속에서도 행복을 찾아내는데 세상의 응달인들 어찌 양달로 바꾸지 못하겠는가.

딱따구리가 참나무 옆구리를 쫀 흔적이 깊게 패였는데
그 속에 어린 생명들이 꿈틀거리고 있다
딱딱 똑똑
큰 공사 벌이는 소리
새벽 공기를 가른 일이 한두 번이었던가
그곳에서 세상구경 시작한 딱따구리들이
고향집을 찾아왔나 보다
많은 식솔 거느린 증조모 뻘 되는 노조老鳥
희색이 만연하다
내 옆구리에도 절벽 같은 육아 흔적
풍란이 자란다
할퀴고 간 상처의 흔적
매운 풍란의 향기 진하게 풍겨
절벽을 다독인다
아득한 거리에 마주한
상처의 향기가 곱다

— 「상처의 향기」 전문

문희봉 시인의 시는 상처에서도 향기가 난다. 상처 난 옆구리에서 새 생명이 자라서 향기가 나고, 수많은 가족들이 뒤엉겨 함께 살아서 향기가 난다. 절벽 같은 상처에 풍란을 살게 하는 것, 이것이 바로 문희봉 시인이 원천적으로 품고 있는 따스함이다. 그의 삶의 무늬는 늘 밝은 태양빛이고, 그의 삶의 향기는 늘 은은한 풍란의 향기이다. 그는 시집 『상처의 향기』에서 유년 시절부터 고희古稀에 이르기까지 삶의 파노라마를 유장한 산문적 운율로 직조해 내었다. 그의 시는 이 편안한 리듬으로 오히려 생명력을 얻었다. 이는 첫 시집 『지천명의 노래』에나 두 번째 시집 『천리향』, 세 번째 시집 『일출』에서도 올곧게 지켜가는 자신 만의 길이다. 응축과 절제의 시로 으스대는 시의 풍조 속에서 산문처럼 풀어 쓰는 시의 정절을 지켜가기에 얼마나 외롭고 힘들었겠는가. 그러나 이 시인의 시적 형상화 방법은 유장한 목소리가 그의 시에 가장 어울리는 형식적 미학이기에 나는 이 시인의 시적 정절을 오래도록 지켜주고 싶다.

상처의 향기

문희봉 시집

발 행 일 | 2016년 6월 10일
지 은 이 | 문희봉
발 행 인 | 李憲錫
발 행 처 | 오늘의문학사
출판등록 | 제55호(1993년 6월 23일)
주 소 | 대전광역시 동구 대전로 867번길 52(삼성동 한밭오피스텔 401호)
전화번호 | (042)624-2980
팩시밀리 | (042)628-2983
홈페이지 | http://www.lito77.co.kr(홈페이지)
전자우편 | hs2980@hanmail.net

공 급 처 | 한국출판협동조합
주문전화 | (070)7119-1741~2
팩시밀리 | (031)944-8234~6

ISBN 978-89-5669-757-4 03810
값 9,000원

* 이 책은 ㈜교보문고에서 E-Book(전자책)으로 제작 · 판매합니다.
* 잘못 제작된 책은 바꾸어 드립니다.